Neuroarquitectura

La fusión de la mente y los espacios

Derechos de autor

Los derechos de todos los textos contenidos en este libro electrónico están reservados a su autor, y están registrados y protegidos por las leyes de derechos de autor. Esta es una edición electrónica (ebook), que no puede ser vendida o comercializada bajo ninguna circunstancia, ni utilizada para fines que impliquen interés monetario.

"No se trata de cambiar personas, se trata de cambiar espacios e impactar en cambiar personas"

"Si el arte es una expresión que nos trae emociones, imagina la arquitectura, que nos permite sumergirnos".

"Cuando cambias la forma en que miras las cosas, las cosas que miras CAMBIAN"

Introducción a la Neuroarquitectura: La Fusión de Mentes y Espacios

Desde los albores de la humanidad, la arquitectura ha sido una expresión fundamental de la cultura y la creatividad humana. Nos proporciona cobijo, forma espacios en los que vivir y trabajar, y da forma al entorno que nos rodea. Sin embargo, solo en las últimas décadas ha comenzado a tomar forma un nuevo enfoque revolucionario: la neuroarquitectura. Esta innovadora disciplina explora la intersección entre la arquitectura y la neurociencia, buscando comprender cómo los espacios físicos que habitamos pueden influir y dar forma a nuestra experiencia mental.

La neuroarquitectura es una disciplina multidisciplinar que combina conocimientos de la arquitectura, la psicología cognitiva, la neurociencia y el diseño de interiores. Ella propone que el diseño y la organización de los espacios pueden tener un impacto directo en nuestro bienestar, salud mental, creatividad y rendimiento cognitivo. Este enfoque innovador tiene en cuenta no solo la estética y la funcionalidad de los espacios, sino también la forma en que afectan nuestro cerebro, nuestras emociones y nuestra cognición.

Aunque la neuroarquitectura es una disciplina emergente, sus raíces se remontan al trabajo pionero de un arquitecto renombrado y visionario: Richard J. Doord. Nacido en un pequeño pueblo de Alemania, Doord mostró un interés inusual por la arquitectura desde una edad temprana. Estudió arquitectura en una prestigiosa universidad y pronto se destacó como un talento prometedor.

Fue durante un período de estudio en psicología que Doord se dio cuenta de la profunda conexión entre los espacios físicos y la mente humana. Fascinado por esta interacción, decidió profundizar sus conocimientos en esta área poco explorada. Con su pasión y determinación inquebrantables, Doord se embarcó en un viaje de investigación incesante, dedicado a comprender cómo los elementos arquitectónicos y el diseño de interiores pueden influir en los estados emocionales, la cognición y el comportamiento humano.

A lo largo de su carrera, Richard J. Doord ha realizado estudios pioneros y experimentos revolucionarios que han revelado las complejas interacciones entre los espacios físicos y la función cerebral. Su investigación científica ha sido publicada en revistas especializadas y ha recibido reconocimiento internacional. El enfoque de Doord enfatizó la importancia de considerar las necesidades psicológicas y emocionales de los ocupantes al diseñar espacios, y se convirtió en un incansable defensor de la creación de entornos que promuevan el bienestar y el rendimiento cognitivo.

La influencia de Richard J. Doord en la neuroarquitectura no se limitó solo a la academia. Ha colaborado con muchos arquitectos, diseñadores de interiores e instituciones de renombre para implementar sus descubrimientos en proyectos reales. Doord se ha convertido en un nombre familiar en la industria de la arquitectura y su trabajo visionario ha ayudado a allanar el camino para una nueva forma de diseñar y construir espacios.

En este libro sobre neuroarquitectura, profundizaremos en las ideas innovadoras de Richard J. Doord y la evolución de la disciplina que él ayudó a fundar. Exploraremos cómo el diseño consciente puede mejorar nuestra calidad de vida, productividad y salud mental. A través de ejemplos prácticos y estudios de casos, descubriremos cómo crear espacios que resuenen con nuestra mente y estimulen nuestro bienestar emocional y cognitivo.

Prepárese para un viaje fascinante a través de la neuroarquitectura, un campo que está revolucionando la forma en que diseñamos e interactuamos con el mundo construido que nos rodea. Al final de este libro, tendrá una comprensión más profunda de cómo la arquitectura y el diseño pueden dar forma a nuestras experiencias y fomentar una conexión más significativa entre nuestras mentes y espacios.

Ambientes Neuroconscientes: Creando espacios que promuevan el bienestar y la armonía cerebral

Los ambientes neuroconscientes son espacios diseñados en base a los principios de la neuroarquitectura, con el objetivo de promover el bienestar y la armonía cerebral de sus ocupantes. Este enfoque innovador combina conocimientos de la neurociencia y la arquitectura para crear entornos que respalden las necesidades del cerebro humano.

En un entorno neuroconsciente, cada elemento se considera cuidadosamente para optimizar la experiencia sensorial, la concentración, la productividad y el equilibrio emocional. Desde la elección de colores y materiales utilizados hasta la disposición de los muebles y la calidad de la iluminación, cada aspecto está diseñado para crear un ambiente acogedor, inspirador y saludable para el cerebro.

Uno de los aspectos clave de los entornos neuroconscientes es la consideración de la luz natural. Se ha demostrado que la exposición a la luz natural influye positivamente en el bienestar y el rendimiento cognitivo. Por ello, diseñar espacios que permitan la entrada de abundante luz natural es una prioridad a la hora de crear ambientes neuroconscientes. Además, la iluminación artificial está cuidadosamente planificada, utilizando fuentes de luz que imitan la luz natural y se pueden ajustar a lo largo del día para seguir los ritmos naturales del cuerpo humano.

Otro aspecto importante de los entornos neuroconscientes es la conexión con la naturaleza. La presencia de elementos naturales, como plantas, agua y materiales orgánicos, aporta una sensación de serenidad y bienestar. La integración de estos elementos en los espacios internos, a través de jardines internos, muros verdes o incluso vistas externas, ayuda a crear una conexión con la naturaleza, propiciando un ambiente más tranquilo y relajante para el cerebro.

Además, la organización espacial y la distribución del mobiliario están diseñadas para estimular la funcionalidad y la creatividad. Los espacios de trabajo bien diseñados que consideran la ergonomía y el movimiento promueven el flujo de ideas y la interacción social, fomentando que el cerebro trabaje de manera más eficiente y productiva.

Los entornos neuroconscientes también valoran la acústica, buscando minimizar los ruidos y sonidos no deseados, al mismo tiempo que promueven una calidad de sonido agradable. Esto contribuye a reducir el estrés y mejorar la concentración y el confort auditivo de los ocupantes.

En definitiva, los entornos neuroconscientes son espacios que tienen en cuenta las necesidades y el funcionamiento del cerebro humano. A través de la integración de conocimientos de la neurociencia y la arquitectura, estos ambientes están diseñados para promover el bienestar, la concentración, la creatividad y el equilibrio emocional de los individuos que los habitan. Al crear espacios neuroconscientes, podemos mejorar significativamente la calidad de vida y la experiencia de quienes viven, trabajan o frecuentan estos entornos, brindando un entorno armonioso y saludable para el cerebro.

Biofilia: reconectando con la naturaleza a través de la arquitectura

La biofilia es un concepto que enfatiza nuestra conexión innata con la naturaleza y la importancia de traerla de vuelta a nuestros entornos construidos. Este término fue popularizado por el renombrado biólogo Edward O. Wilson, quien describió nuestra afinidad natural con otras formas de vida y ambientes naturales.

En un mundo cada vez más urbanizado dominado por estructuras artificiales, la biofilia surge como una respuesta para restablecer esta conexión perdida. Se trata de incorporar elementos naturales como plantas, agua, luz natural y materiales orgánicos a los espacios arquitectónicos para crear ambientes más saludables, inspiradores y revitalizantes.

La presencia de la naturaleza en nuestros espacios interiores tiene un profundo impacto en nuestro bienestar físico y mental. Los estudios científicos demuestran que la exposición a elementos naturales reduce el estrés, aumenta la productividad, mejora el estado de ánimo y promueve la recuperación de enfermedades. Al traer la naturaleza a los entornos construidos, podemos desencadenar respuestas positivas en nuestro cuerpo y mente, mejorando nuestra calidad de vida.

La biofilia se puede incorporar en muchos aspectos de la arquitectura y el diseño de interiores. Los jardines interiores, las paredes verdes, los techos verdes y los espacios al aire libre son ejemplos de cómo podemos llevar la naturaleza a nuestros hogares, oficinas, escuelas y hospitales. Estos elementos no solo aportan belleza estética, sino que también brindan beneficios tangibles como una mejor calidad del aire, reducción del ruido y aumento de la humedad relativa.

Además, la presencia de luz natural es un componente clave de la biofilia. La luz del sol es una fuente de energía vital para los humanos, ya que regula nuestros ritmos circadianos, influye en nuestro estado de ánimo y mejora nuestra salud en general. Al diseñar espacios que permiten la entrada de abundante luz natural, estamos brindando un entorno más saludable y agradable para los ocupantes.

La elección de materiales naturales y sostenibles también juega un papel importante en la biofilia. La madera, la piedra, la cerámica y otros materiales orgánicos no solo agregan textura y calidez a los espacios, sino que también están en sintonía con la naturaleza, creando un ambiente cálido y acogedor.

Al reconectarnos con la naturaleza a través de la biofilia, buscamos un enfoque más holístico de la arquitectura. Este enfoque va más allá de la estética y la funcionalidad, buscando crear ambientes que promuevan nuestra salud física y mental. La biofilia nos recuerda que somos seres biológicos, una parte integral del ecosistema global, y que nuestros entornos construidos deben reflejar esta conexión esencial.

Este es un enfoque que nos invita a traer de vuelta la naturaleza a nuestras vidas a través de la arquitectura. Al incorporar elementos naturales en los espacios que habitamos, estamos promoviendo una sensación de bienestar, inspiración y conexión con el mundo natural. La biofilia no es solo una moda pasajera, sino una forma de diseñar y construir espacios que nos reconectan con nuestras raíces y nos permiten florecer en armonía con el entorno que nos rodea.

La teoría de los colores: desentrañando el lenguaje visual

Este es un campo de estudio que busca comprender y develar el lenguaje visual de los colores y su influencia en nuestras percepciones, emociones y experiencias. Desde los albores de la humanidad, los colores han sido parte esencial de nuestras vidas, despertando sensaciones y transmitiendo significados.

La teoría del color cubre diferentes aspectos, como la rueda de colores, la psicología del color y la armonía del color. El círculo cromático es una representación circular que organiza los colores en relación unos con otros, facilitando la comprensión de las relaciones y combinaciones entre ellos. Está compuesto por colores primarios (rojo, amarillo y azul), colores secundarios (resultado de combinar primarios) y colores terciarios (resultado de combinar un primario con un secundario).

La psicología del color explora la forma en que los colores afectan nuestras emociones, comportamientos y percepciones.

Cada color tiene su propia personalidad y puede evocar diferentes reacciones y asociaciones. Por ejemplo, el rojo puede simbolizar pasión, energía y urgencia, mientras que el azul transmite tranquilidad, confianza y serenidad. Según este entendimiento, los colores se pueden usar estratégicamente en una variedad de contextos, como el diseño de productos, la publicidad y la marca, para crear una conexión emocional con el público objetivo.

La armonía del color es otro aspecto importante de la teoría del color. Se trata de la combinación armoniosa de colores en un espacio o composición visual. Hay diferentes esquemas de armonía cromática, como la combinación complementaria (usando colores opuestos en la rueda de colores para crear contraste), la combinación análoga (usando colores que están cerca en la rueda de colores para crear armonía) y la combinación monocromática (usando variaciones de un mismo color). color para crear profundidad e interés visual). La elección y aplicación adecuada de estas combinaciones contribuye a la estética y la intención comunicativa de un proyecto.

Además, es importante considerar el contexto cultural y las asociaciones simbólicas atribuidas a los colores en diferentes culturas. Los colores pueden tener significados culturales específicos y transmitir diferentes mensajes según el contexto y la audiencia. Por ejemplo, el rojo puede simbolizar suerte y felicidad en algunas culturas orientales, mientras que en otras puede asociarse con peligro o advertencia.

Esta es una poderosa herramienta para diseñadores, artistas, arquitectos y profesionales creativos, ya que permite la creación de composiciones visuales más impactantes, atractivas y comunicativas. Comprender el significado y la interacción de los colores nos ayuda a crear armonía, contraste, equilibrio y emoción en nuestros diseños visuales.

Percepción Visual en Neuroarquitectura:

Guiando la Práctica del Arquitecto

En el enfoque de la neuroarquitectura, la percepción visual juega un papel clave en la creación de entornos que promuevan el bienestar y la calidad de vida. Para un arquitecto que quiera aplicar los principios de la neuroarquitectura en su práctica, comprender y utilizar adecuadamente la percepción visual es fundamental.

La percepción visual se refiere a la capacidad del cerebro para interpretar y comprender la información visual recibida por los ojos. Va más allá de la simple visión, involucrando procesos cognitivos y emocionales que influyen en nuestra experiencia espacial. Al comprender cómo nuestro cerebro percibe y procesa la información visual, los arquitectos pueden crear espacios que estimulen positivamente los sentidos y promuevan el bienestar de los ocupantes.

Uno de los principios importantes de la percepción visual en la neuroarquitectura es el reconocimiento de patrones. Nuestro cerebro tiene una tendencia natural a buscar patrones y formas reconocibles en nuestro entorno. A la hora de diseñar espacios, el arquitecto puede aprovechar esta predisposición, creando elementos visuales que faciliten la comprensión y la navegación en el entorno. La claridad y legibilidad de los espacios contribuyen a una percepción visual más eficiente, reduciendo la carga cognitiva y promoviendo una sensación de control y seguridad.

La atención es otro aspecto importante a tener en cuenta. Nuestra atención es selectiva y dirigida hacia estímulos relevantes de nuestro entorno. El arquitecto puede utilizar estratégicamente la percepción visual para dirigir la atención a elementos específicos, como puntos focales o áreas de interés. Esto se puede hacer mediante el uso de colores, iluminación, texturas y formas que se destaquen. Al crear puntos visuales de interés, el arquitecto puede guiar la atención del espectador y crear una experiencia más atractiva y estimulante.

Además, la variedad visual juega un papel importante en la percepción y el compromiso con el entorno. Nuestro cerebro se estimula más con entornos que ofrecen diversidad visual, con elementos diferentes e interesantes. El arquitecto puede incorporar esta variedad visual a su diseño, utilizando diferentes materiales, texturas, colores y formas para crear un ambiente más dinámico y enriquecedor. Esta diversidad visual contribuye a la estimulación cognitiva, la creatividad y la sensación de placer al explorar el espacio.

Además, tenemos la iluminación. La luz tiene un impacto significativo en la percepción visual y la calidad de los espacios. La neuroarquitectura enfatiza la importancia de la luz natural, que es beneficiosa para nuestra salud y bienestar. Al diseñar espacios, el arquitecto debe considerar la entrada de luz natural, la colocación de ventanas y la creación de puntos de luz que acentúen las características arquitectónicas y los elementos visuales. Además, la temperatura y el color de la luz artificial también pueden influir en la percepción y atmósfera del espacio.

Finalmente, es importante resaltar la importancia de la interacción entre la percepción visual y otros sentidos, como el tacto, el olfato y el oído. La neuroarquitectura reconoce la sinergia de estos sentidos y cómo contribuyen a una experiencia multisensorial e inmersiva. El arquitecto puede explorar la combinación de estos sentidos, integrando elementos táctiles, aromas y sonidos que complementan y enriquecen la experiencia visual del entorno.

En la práctica de la neuroarquitectura, el arquitecto debe considerar la percepción visual como un aspecto fundamental en la creación de espacios que promuevan el bienestar y la calidad de vida. Al comprender los principios de la percepción visual y su interacción con otros elementos sensoriales, el arquitecto puede diseñar espacios que estimulen los sentidos, promuevan la comprensión intuitiva y brinden una experiencia atractiva y significativa para los ocupantes.

Acústica y Espacios Sonoros: La importancia de controlar el sonido y el ruido en la creación de ambientes agradables

Cuando pensamos en acústica, a menudo nos enfocamos solo en eliminar el ruido no deseado. Sin embargo, la acústica va más allá. También implica cómo se transmite, refleja y absorbe el sonido en el entorno. Por lo tanto, es importante considerar tanto el control del ruido externo como la calidad del sonido interno de los espacios.

El control del ruido externo es crucial para minimizar los impactos sonoros no deseados del entorno externo, como el tráfico, las actividades industriales y otras fuentes de contaminación acústica. Para ello, el arquitecto debe utilizar técnicas de aislamiento acústico, como la selección adecuada de los materiales de construcción, la insonorización de las ventanas y el sellado eficaz de las aberturas.

La calidad del sonido interno también es de suma importancia. En muchos espacios, como oficinas, aulas y hospitales, el control del sonido interior es esencial para promover la concentración, la privacidad y la comunicación eficiente. El uso de materiales con propiedades de absorción del sonido, como paneles acústicos, techos y revestimientos especiales, contribuye a la reducción de la reverberación y el eco, creando ambientes más claros e inteligibles.

Además, es importante considerar la distribución del sonido en el espacio. La dirección adecuada del sonido es fundamental para garantizar una buena inteligibilidad del habla y una experiencia de sonido equilibrada. Esto se puede lograr colocando altavoces estratégicamente, creando áreas específicas para actividades de sonido y considerando la orientación y el diseño del espacio.

La calidad acústica de un entorno influye directamente en nuestra comunicación, productividad y bienestar. Un espacio con una acústica mal planificada puede provocar cansancio, dificultad para concentrarse, estrés e incluso problemas de salud. Por otro lado, un ambiente con una acústica adecuadamente diseñada y controlada brinda comodidad, comunicación clara, privacidad y una experiencia auditiva placentera.

Por ello, a la hora de diseñar espacios, los arquitectos deben tener muy en cuenta el aspecto acústico, desde la elección de los materiales hasta la disposición del mobiliario y el diseño de la distribución. Se recomienda encarecidamente la participación de expertos en acústica durante el proceso de diseño para garantizar que los espacios se diseñen teniendo en cuenta las necesidades específicas de los usuarios y los objetivos del entorno.

Comprender la acústica y controlar el sonido y el ruido es esencial para crear entornos funcionales y agradables. Al considerar la acústica desde las etapas iniciales del diseño, los arquitectos pueden asegurarse de que los espacios se diseñen teniendo en cuenta la calidad del sonido, promoviendo la comodidad, la eficiencia y el bienestar de quienes los utilizan.

Espacios de aprendizaje neuroamigables:

donde el conocimiento cobra vida

Las escuelas son más que meros edificios, son espacios donde el aprendizaje cobra vida. Cuando se diseñan cuidadosa e intencionalmente, los entornos educativos pueden convertirse en verdaderos catalizadores para la participación, la concentración y el aprendizaje efectivo de los estudiantes. Es desde esta perspectiva que surge el concepto de Espacios de Aprendizaje Neuroamigables.

Un Espacio de Aprendizaje Neuro-Amigable es aquel que toma en cuenta los principios de la neurociencia y la pedagogía para crear un ambiente que estimule y apoye el proceso de aprendizaje. Es un espacio que va más allá de las aulas tradicionales, transformándose en un ecosistema vibrante, dinámico e inspirador.

Al diseñar espacios de aprendizaje amigables con las neuronas, los arquitectos tienen en cuenta varios factores que influyen en el rendimiento de los estudiantes. Se valora la iluminación natural, con grandes ventanales que dejan pasar abundante luz natural, conectando a los alumnos con el mundo exterior. La iluminación artificial también se planifica estratégicamente, considerando el equilibrio entre luces más suaves para momentos de relajación y luces más brillantes para fomentar la concentración y el enfoque.

La ergonomía también juega un papel clave. Se utilizan muebles cómodos y ajustables para proporcionar una postura adecuada y prevenir problemas físicos como dolor de espalda o fatiga. Se crean espacios versátiles donde los estudiantes pueden moverse libremente, reconfigurar el diseño y colaborar en proyectos grupales. Esta flexibilidad promueve la interacción social, el intercambio de ideas y el desarrollo de habilidades colaborativas.

La naturaleza se incorpora a los espacios de aprendizaje, aportando elementos que fomentan la biofilia. Las plantas, las paredes verdes y los espacios exteriores se integran para crear una conexión con la naturaleza, brindando un ambiente más tranquilo y acogedor. Los estudios demuestran que la presencia de la naturaleza mejora la concentración, reduce el estrés y promueve una sensación de bienestar.

La tecnología también juega un papel en los espacios de aprendizaje neuroamigable. Se incorporan de forma equilibrada pantallas interactivas, dispositivos móviles y otras herramientas digitales, fomentando el uso responsable de la tecnología y el desarrollo de las competencias digitales de los alumnos. La conectividad también es esencial, con acceso a Internet de alta velocidad y redes inalámbricas confiables que garanticen que los recursos digitales estén disponibles para todos.

Además, se valora el arte y la creatividad en los espacios de aprendizaje neuroamigable. Paredes de colores, obras de arte, murales interactivos y espacios de expresión artística se integran para estimular la imaginación y la creatividad de los estudiantes. También se considera la presencia de espacios para el descanso y la relajación, como áreas de lectura o rincones acogedores, que brindan momentos de pausa y recuperación mental.

Los espacios de aprendizaje neuroamigable son una invitación al entusiasmo por el conocimiento. Inspiran a los estudiantes a explorar, cuestionar, colaborar y descubrir. Son espacios donde el aprendizaje se convierte en una experiencia significativa que trasciende las cuatro paredes del aula.

Al diseñar escuelas y entornos educativos que fomentan la participación, la concentración y el aprendizaje efectivo de los estudiantes, estamos invirtiendo en el futuro. Estamos creando espacios donde se despierta la curiosidad, donde los alumnos se sienten motivados y donde el conocimiento se convierte en algo vivo y tangible.

Los espacios de aprendizaje neuroamigables son el vínculo entre la arquitectura y la educación, uniendo la ciencia y la pedagogía para crear entornos que impulsen el potencial humano. Son el escenario donde los sueños se hacen realidad, donde las mentes se expanden y donde los estudiantes se empoderan para construir un futuro brillante.

Feng Shui: la sabiduría ancestral que anticipó la neuroarquitectura

El Feng Shui es una práctica ancestral originaria de China, con más de 3.000 años de historia, que busca armonizar los espacios para promover el equilibrio y el bienestar de las personas que los habitan. Aunque no está directamente relacionado con la neuroarquitectura, se puede decir que el Feng Shui anticipó muchos de los conceptos fundamentales de esta moderna disciplina.

El Feng Shui se basa en la creencia de que la energía, o "chi", fluye a través de los espacios e influye en la vida de las personas. Su objetivo es crear ambientes que faciliten la circulación armoniosa del chi, promoviendo la salud, la prosperidad y la armonía. Si bien el Feng Shui tradicional no se basó necesariamente en los conocimientos científicos de la neurociencia, sus prácticas consideraron intuitivamente muchos de los principios fundamentales que ahora explora la neuroarquitectura.

Uno de los principios básicos del Feng Shui es la importancia de la orientación y el flujo de energía en los espacios. Este enfoque intuitivo ya consideraba la influencia de los estímulos visuales y ambientales en el bienestar de las personas. Por ejemplo, la disposición de los muebles, la ubicación de puertas y ventanas y la orientación de los espacios en relación con la luz solar eran consideraciones esenciales en el Feng Shui para crear ambientes equilibrados y saludables.

Además, el Feng Shui siempre ha enfatizado la importancia de conectarse con la naturaleza. Los maestros de Feng Shui recomendaron utilizar elementos naturales como plantas, piedras y agua para aportar equilibrio y vitalidad a los espacios. Este enfoque está directamente relacionado con la biofilia, un concepto clave en la neuroarquitectura, que destaca los beneficios de incorporar elementos naturales en los entornos para promover el bienestar físico y mental.

Su enfoque es crear espacios que promuevan la armonía y una sensación de seguridad. La disposición de los muebles, la organización de los espacios y la elección de colores y materiales se consideraron cuidadosamente para crear una atmósfera acogedora y protectora. Este enfoque intuitivo también está en línea con los principios de la neuroarquitectura, que enfatiza la importancia de los espacios que promueven el confort emocional y el sentido de pertenencia.

Si bien el Feng Shui evolucionó a partir de filosofías y prácticas tradicionales, es interesante ver cómo muchos de sus principios hacen eco en los enfoques contemporáneos de la neuroarquitectura. Ambas disciplinas comparten una preocupación por la influencia de los espacios en el bienestar humano, enfatizando la importancia de la conexión entre mente, cuerpo y entorno.

A medida que la neuroarquitectura continúa explorando los intrincados vínculos entre la arquitectura y la neurociencia, es importante reconocer la contribución pionera del Feng Shui. Esta antigua práctica demostró intuitivamente muchos de los conceptos que ahora se estudian y aplican de manera más científica y precisa.

Feng Shui es un testimonio de la profunda comprensión ancestral de la relación entre los seres humanos y su entorno, sirviendo como una valiosa inspiración para los arquitectos contemporáneos que buscan crear espacios armoniosos y amigables con las neuronas.

Nociones de espacialidad: comprensión de la dimensión del espacio en la arquitectura

La espacialidad es un concepto que se refiere a la dimensión física y perceptiva del espacio en un entorno construido. Abarca la organización y configuración de los elementos arquitectónicos, así como la experiencia sensorial y emocional que estos espacios brindan a los usuarios.

Al explorar las nociones de espacialidad en la arquitectura, es importante considerar varios elementos que influyen en la percepción y comprensión del espacio. Uno de esos elementos es la escala, que se refiere a las proporciones relativas de los elementos arquitectónicos en relación con el cuerpo humano. La escala adecuada permite que las personas se sientan cómodas y conectadas con el espacio, creando un sentido de pertenencia y armonía.

La jerarquía espacial, es decir, la distinción entre espacios públicos y privados, áreas de convivencia e intimidad, también contribuye a la comprensión y funcionalidad del entorno.

La materialidad es otro aspecto esencial para entender la espacialidad. Los materiales seleccionados para revestimientos, pisos, paredes y techos influyen en la experiencia sensorial y visual de los espacios. La textura, el color y la composición de los materiales pueden crear sensaciones de calidez, frescura, calidez o sofisticación, contribuyendo a la atmósfera y personalidad del espacio.

Además, la composición y geometría de los elementos arquitectónicos también influyen en la espacialidad. La forma en que los volúmenes, las líneas y las formas se relacionan entre sí crea una dinámica visual que puede afectar nuestra percepción y experiencia espacial. La proporción y el equilibrio entre estos elementos juegan un papel clave en la creación de espacios visualmente agradables y armoniosos.

Finalmente, la espacialidad no se limita solo a la dimensión física del espacio, sino también a la experiencia subjetiva y emocional que evoca. El ambiente, la intimidad, la sensación de seguridad y la conexión con el entorno son elementos que contribuyen a la comprensión y valoración del espacio.

Considerar la escala adecuada, la distribución espacial, la iluminación, la ventilación, la materialidad, la composición y la experiencia subjetiva es fundamental para crear entornos arquitectónicos funcionales y estéticamente agradables que promuevan el bienestar de los usuarios. Comprender estas nociones es fundamental para los arquitectos, ya que tienen el poder de dar forma y transformar el espacio, creando lugares que inspiran y satisfacen las necesidades de las personas que los habitan.

La ciencia del sueño: diseño de habitaciones neuroamigables para una noche de descanso profundo

La calidad del sueño es esencial para nuestra salud y bienestar general. Para diseñar habitaciones neuroamigables que promuevan una noche de descanso profundo, es importante comprender los principios fundamentales de la ciencia del sueño y aplicarlos en la práctica.

Uno de los factores clave a considerar es la iluminación de la habitación. La exposición a la luz durante el día ayuda a regular nuestro reloj biológico, pero por la noche es importante crear un ambiente oscuro y tranquilo. Las cortinas o persianas opacas pueden bloquear la luz exterior, mientras que la iluminación suave y regulable, como las lámparas de lectura, se puede utilizar para crear un ambiente relajante a la hora de acostarse.

Además, la temperatura de la habitación también juega un papel importante. La temperatura ideal para dormir varía de persona a persona, pero en general, se recomienda mantener la habitación fresca, alrededor de 18-20°C. El uso de sistemas de aire acondicionado o ventiladores puede ayudar a regular la temperatura y crear un ambiente cómodo para dormir.

Otro aspecto a tener en cuenta es la reducción del ruido no deseado. El silencio o los sonidos suaves y reconfortantes pueden ayudar a inducir el sueño y mantenerlo durante la noche. Es posible utilizar aislamiento acústico en las paredes o ventanas, además de utilizar cortinas gruesas para reducir el ruido exterior. También existen dispositivos de sonido ambiental como generadores de ruido blanco que pueden enmascarar sonidos no deseados.

La elección de colores y materiales también es relevante para crear un entorno neuroamigable. Los colores suaves y neutros, como azules, verdes o tonos tierra, transmiten una sensación de calma y relajación. Además, el uso de materiales naturales y orgánicos como la madera, el algodón y el lino pueden contribuir a crear un ambiente cálido y acogedor.

La disposición de los muebles y la organización del espacio también son importantes. Se recomienda mantener el dormitorio libre de desorden, creando un ambiente tranquilo y sin distracciones. Los muebles ergonómicos, como colchones y almohadas de buena calidad, son esenciales para garantizar un buen soporte del cuerpo mientras duerme.

Finalmente, es importante promover la higiene del sueño estableciendo rutinas regulares y hábitos saludables. Evitar el uso de dispositivos electrónicos antes de acostarse, crear un ritual de relajación como tomar un baño tibio o leer un libro y mantener horarios de sueño constantes pueden contribuir a una noche de descanso profunda y reparadora.

Al diseñar dormitorios neuro-amigables para una noche de sueño reparador, es esencial considerar todos estos elementos de manera integrada. La ciencia del sueño nos proporciona evidencias y pautas para crear espacios propicios para el descanso y la recuperación del cuerpo y la mente. Un dormitorio bien diseñado, aplicando los principios de la neuroarquitectura, puede convertirse en un refugio personal, ofreciendo un entorno propicio para un sueño de calidad y contribuyendo a una vida más sana y equilibrada.

Conclusión:

La neuroarquitectura ofrece una nueva perspectiva y enfoque para crear entornos que mejoren el aprendizaje, la concentración y el bienestar de las personas. Aplicando los principios de la neurociencia en la práctica de la arquitectura, es posible diseñar espacios que se adapten a las necesidades del cerebro, estimulando su funcionalidad y brindando experiencias más enriquecedoras.

A través de una serie de estrategias y elementos, como la iluminación adecuada, el control acústico, la distribución inteligente, los colores apropiados y la integración de la naturaleza, se pueden transformar los espacios en ambientes neuroamigable, que promuevan un aprendizaje más efectivo, una mayor concentración y un estado mental favorable para el desarrollo cognitivo. .

Imagina aulas donde la luz natural baña el espacio, creando una atmósfera de alerta e inspiración. Imagine a los estudiantes inmersos en un entorno tranquilo, sin ruidos que distraigan, lo que permite que su atención se centre por completo en el conocimiento. Visualice espacios flexibles y adaptables que fomenten la colaboración, la creatividad y la interacción entre los estudiantes. E imagine el poder relajante y vigorizante de un entorno que trae la naturaleza, nutre la mente y brinda una sensación de tranquilidad.

La neuroarquitectura va más allá de la estética y la funcionalidad tradicionales. Busca comprender las complejidades del cerebro humano y explorar cómo el entorno físico puede influir positivamente en nuestras capacidades cognitivas y emocionales. Es un enfoque holístico que une la ciencia y el diseño para crear espacios que mejoran la calidad de vida, aumentan el rendimiento y estimulan el crecimiento intelectual.

Por lo tanto, los arquitectos y profesionales del diseño tienen el poder y la responsabilidad de aplicar los principios de la neuroarquitectura en sus prácticas, promoviendo la creación de ambientes que superen las expectativas tradicionales. Ya sea en el contexto educativo, en el lugar de trabajo o en los hogares, la neuroarquitectura ofrece una perspectiva transformadora para construir espacios que promuevan el bienestar y el potencial humano.

No subestimemos el impacto del entorno físico en nuestras mentes y nuestro aprendizaje. Adoptando la neuroarquitectura como herramienta, podemos dar forma a espacios que se conviertan en poderosos aliados en la búsqueda de la excelencia cognitiva, el crecimiento personal y la calidad de vida. Es hora de diseñar para el cerebro y construir un futuro donde la arquitectura y la neurociencia se unan para transformar positivamente la forma en que vivimos, trabajamos y aprendemos.

Made in the USA
Las Vegas, NV
09 December 2024

13628603R10036